Vente du Lundi 17 Février 1873.

HOTEL DROUOT, SALLE N° 1.

ANCIENNES TAPISSERIES

DES

Gobelins, de Beauvais et d'Aubusson

ET

Panneaux décoratifs par H. Robert

DÉPENDANT

DE LA SUCCESSION DE M. LE VICOMTE D'A...

EXPOSITIONS

PARTICULIÈRE	PUBLIQUE
Le Samedi 15 Février 1873	Le Dimanche 16 Février 1873

EXEMPLAIRE DE DHIOS

M° CHARLES PILLET,	MM. DHIOS & GEORGE...
COMMISSAIRE-PRISEUR	EXPERTS
10, rue de la Grange-Batelière	rue Lepeletier, 33.

CATALOGUE

DES

ANCIENNES TAPISSERIES

DES

GOBELINS

DE BEAUVAIS ET D'AUBUSSON

Meubles de salon Louis XV et Louis XVI couverts en tapisserie

PEINTURES DÉCORATIVES PAR H. ROBERT

DEUX TABLEAUX PAR DE MARNE

Le tout dépendant de la succession de M. le Vte d'A.

DONT LA VENTE AUX ENCHÈRES PUBLIQUES AURA LIEU

HOTEL DROUOT, SALLE N° 1

Le Lundi 17 Février 1873

A TROIS HEURES.

Par le ministère de Me CHARLES PILLET, Commissaire-Priseur,
10, rue de la Grange-Batelière.
Assisté de MM. DHIOS et GEORGE, Experts, 33, rue Lepeletier,
Chez lesquels se distribue le présent Catalogue.

EXPOSITIONS { PARTICULIÈRE : *le Samedi 16 Février 1873*
{ PUBLIQUE : *le Dimanche 17 Février 1873.*

CONDITIONS DE LA VENTE

Elle sera faite au comptant.

Les adjudicataires payeront *cinq pour cent* en sus des enchères.

L'exposition mettant le public à même de se rendre compte de l'état des objets, il ne sera admis aucune réclamation une fois l'adjudication prononcée.

Paris. — Imp. PILLET fils aîné, rue des Grands-Augustins, 5.

DÉSIGNATION

ANCIENNES TAPISSERIES

DES MANUFACTURES

DES GOBELINS, DE BEAUVAIS ET D'AUBUSSON

GRANDE ET BELLE TAPISSERIE DES GOBELINS.

1 — LA CUEILLETTE DES POMMES — Tapisserie exécutée sur les dessins de LANCRET. Ravissante composition avec dix-huit personnages diversement groupés dans un parc; palais et colonnades, faisan sur une fontaine, pièce d'eau et canards, etc., etc. — Belle bordure avec ornements à coquille dans les angles. Au charme de la composition, s'ajoute encore l'avantage d'un parfait état de conservation; le coloris a gardé toute la richesse et la fraîcheur de ses teintes.

Haut., 3 m. 25 c.; larg., 5 mètres.

TAPISSERIE DES GOBELINS. Panneau d'entre-deux.

2 — LE CONCERT INSTRUMENTAL. — Groupe de trois
personnages dans un parc. Gracieuse composition
exécutée sur les dessins de LANCRET.

Haut., 3 m. 25 c.; larg., 1 m. 58 c.

SUITE DE TROIS TAPISSERIES DES GOBELINS, *sujets
chinois*, exécutées d'après les compositions
de J. B. LEPRINCE.

3 — LE JARDIN DES SULTANES. — Jolie bordure à ornements.

Haut., 2 m. 60 c.; larg., 3 m. 28 c.

4 — LA PÊCHE.

Haut., 2 m. 60 c.; larg., 3 m. 28 c.

5 — COLLATION DANS UN PARC.

Haut., 2 m. 60 c ; larg., 4 mètres.

ANCIENNE TAPISSERIE A BORDURE.

6 — Mandarin assis dans un paysage, entre deux
jeunes filles debout; figures allégoriques placées cha-
cune auprès d'un arbre.

Haut., 3 m. 30 c.; larg., 2 m. 47 c.

Suite de quatre Tapisseries d'Aubusson, dites *Verdures*. Oiseaux aquatiques près de torrents, fleurs, villas, grands arbres et massifs de verdure.

Ces tapisseries portent l'inscription : M. R. d'Aubusson. F. Picon.

7 — Une Tapisserie.

Haut., 2 m. 05 c.; larg., 5 m. 10 c.

8 — Autre Tapisserie.

Haut., 2 m. 05 c.; larg., 5 m. 10 c.

9 — Petit Panneau.

Haut., 2 m. 15 c.; larg., 1 m. 42 c.

10 — Petit Panneau.

Haut., 2 m. 07 c.; larg., 1 m. 28 c.

Belle tenture en tapisserie d'Aubusson du temps de Louis XV portant la signature de Roby le jeune, et composée de : un panneau principal, huit panneaux de diverses largeurs, un dessus de porte, et deux panneaux très-étroits.

Les motifs de l'ornementation sont des plus gracieux et se détachent en couleurs sur un fond gris bleuté. Ce sont des trophées emblématiques de la musique, de la peinture, de la sculpture, de la chasse, etc., etc., appendus par des rubans bleus à un ornement rocaille et encadrés par des guirlandes de fleurs qui se relient à des colonnes cannelées à chapiteaux, placées de chaque côté des panneaux. Dans le bas de la composition sont représentés des sujets champêtres, à personnages.

11 — Panneau principal. Au centre, médaillon ovale : jeunes filles offrant des fleurs à Cérès. Au bas, vase rocaille contenant un bouquet de fleurs.

Haut., 2 m. 62 c.; larg., 2 m. 70 c.

12 — Un Panneau, attributs maritimes et Danse villageoise.

Haut., 2 m. 78 c.; larg., 2 m. 30 c.

13 — Panneau d'instruments de musique et Pêcheurs à la ligne.

Haut., 2 m. 78 c.; larg., 2 m. 30 c.

14 — Panneau, attributs de chasse et Chasseurs auprès d'une fontaine.

Haut., 2 m. 78 c.; larg., 2 m. 20 c.

15 — Instruments de musique et la Promenade au bois.

Haut., 2 m. 78 c.; larg., 2 m. 20 c.

16 — Attributs champêtres et la Halte à la fontaine.

Haut., 2 m. 78 c.; larg., 2 m. 20 c.

17 — Attributs de la sculpture et Jeunes filles au bord de la mer.

Haut., 2 m. 78 c.; larg., 1 m. 98 c.

18 — Attributs de la peinture et Pêcheurs retirant leurs
filets.

> Haut., 2 m. 78 c.; larg., 1 m. 91 c.

19 — Instruments de musique champêtre et Conversation
de bergers.

> Haut., 2 m. 78 c.; larg., 1 m. 80 c.

20 — Panneau pour dessus de porte; médaillon ovale;
l'oiseau en cage, et guirlandes de fleurs.

> Haut., 1 m. 07 c.; larg., 1 m. 46 c.

21 et 22 — Deux panneaux très-étroits; colonnes en-
guirlandées de fleurs.

> Haut., 2 mètres 78 cent.

MEUBLE DE SALON LOUIS XV.

23 — Bois sculpté couleur chêne, couvert en ancienne
tapisserie d'Aubusson, analogue à la tenture pré-
cédente. Il est composé de : un très-grand canapé et
seize fauteuils.

> La tapisserie des dossiers des fauteuils représente des
> médaillons à personnages et des guirlandes de fleurs; des
> trophées variés ornent les siéges. Le dossier du canapé est
> décoré d'un médaillon ovale : duo dans un parc, placé entre
> deux trophées, peinture et musique; sur le siége, un
> autre médaillon représentant des animaux.

Meuble de salon Louis XVI.

24 — Meuble composé de six fauteuils et quatre chaises
couverts en ancienne tapisserie de Beauvais, à
vases, rinceaux, bouquets et guirlandes sur fond
grisâtre.

TABLEAUX

DE MARNE

25 — Pâturage.

Deux villageoises, l'une montée sur un âne, l'autre
debout tenant une corbeille, sont arrêtées sur une route
plantée d'arbres, et font la conversation avec un pâtre qui
garde des bestiaux, vaches, chèvres, moutons, ânesse et
son ânon, disséminés çà et là dans une prairie.

Importante composition de l'artiste, signée *De Marne*.

Haut., 32 cent.; larg., 41 cent.

DE MARNE

26 — L'abreuvoir.

Un homme élève dans ses bras un petit garçon et le pré-
sente à une femme montée sur un âne. Auprès d'eux, une

vache qui s'abreuve dans une auge, une chèvre et trois
moutons. — A gauche, au second plan, on aperçoit un
cavalier et une bergère conduisant un troupeau sur le
bord d'un étang. — Signé *De Marne*.

Haut., 33 cent.; larg., 41 cent.

HUBERT-ROBERT

Suite de quatre peintures décoratives repré-
sentant des paysages avec personnages,
animaux, monuments en ruines, etc.

27 — Temple à colonnes et pyramide.

Signé : *Robert*, 1796.

Haut., 1 m. 95 c.; larg., 1 m. 21 c.

28 — Le Torrent.

Signé : *H. Robert*, 1796.

Haut., 1 m. 95 c.; larg., 1 m. 21 c.

29 — La Balançoire.

Haut., 1 m. 95 c.; larg., 1 m. 12 c.

30 — Villageois à la fontaine.

Haut., 1 m. 95 c.; larg , 1 m. 15 c.

LAFOSSE

31 — **Apollon et les Muses.**

Haut., 1 m. 70 c.; larg., 1 m. 48 c.

MIGNARD

32 — **Vertumne et Pomone.** 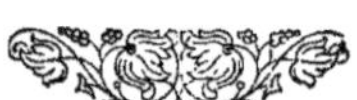

Haut., 1 m. 63 c.; larg., 1 m. 30 c.

BLANCHARD

33 — **Vénus et Adonis.**

Haut., 1 m. 63 c.; larg., 1 m. 13 c.

www.ingramcontent.com/pod-product-compliance
Lightning Source LLC
LaVergne TN
LVHW010842180726
843502LV00009B/3706